škola - de School	2
putovanje - de Törn	5
transport - de Transport	8
grad - de Stadt	10
krajolik - de Landschop	14
restoran - dat Spieslokal	17
supermarket - de Supermarkt	20
piće - de Drünk	22
jelo - dat Eten	23
seosko imanje - de Buernhoff	27
kuća - dat Huus	31
dnevni boravak - de Wahnstuuv	33
kuhinja - de Köök	35
kupatilo - de Baadstuuv	38
dječija soba - de Kinnerstuuv	42
odjeća - dat Tüüch	44
ured - dat Büro	49
ekonomija - de Weertschop	51
zanimanja - de Profeschonen	53
alat - dat Warktüüch	56
muzički instrumenti - de Musikinstrumenten	57
zoološki vrt - de Deertenpark	59
sport - de Sport	62
aktivnosti - de Aktivitäten	63
porodica - de Familje	67
tijelo - de Lief	68
bolnica - dat Krankenhuus	72
hitna pomoć - de Nootfall	76
Zemlja - de Eerd	77
sat - de Klock	79
sedmica, nedjelja - de Week	80
godina - dat Johr	81
oblici - de Formen	83
boje - de Farven	84
suprotnosti - de Gegendelen	85
brojevi - de Tallen	88
jezici - de Spraken	90
ko / šta / gdje - wokeen / wat / wo	91
gdje - wo	92

Impressum
Verlag: BABADADA GmbH, Nedderfeld 112 , 22529 Hamburg
Geschäftsführer / Verlagsleitung: Harald Hof
Druck: Books on Demand GmbH, In de Tarpen 42, 22848 Norderstedt

Imprint
Publisher: BABADADA GmbH, Nedderfeld 112 , 22529 Hamburg, Germany
Managing Director / Publishing direction: Harald Hof
Print: Books on Demand GmbH, In de Tarpen 42, 22848 Norderstedt, Germany

škola

de School

učionica
de Klassenstuuv

dijeliti
delen

186/2

tabla
de Tafel

školsko dvorište
de Schoolhoff

učitelj, nastavnik
de Schoolmeester

papir
dat Papeer

pisati
schrieven

olovka
de Sticken

pisaći sto
de Schrievdisch

lenjir
dat Lienholt

knjiga
dat Book

učenik
de Schöler

torba

de Ranzel

pernica

de Feddermapp

drvena olovka

de Bleesticken

šiljalo za olovke

de Scharpmaker

gumica

dat Radeergummi

blok za crtanje

de Tekenblock

crtež

de Teken

kist

de Pinsel

kutija s bojama

de Malkassen

makaze

de Scheer

ljepilo

de Klever

vježbanka

dat Heft to'n Öven

domaća zadaća

de Huusopgaav

12

broj

de Tall

2+2

sabirati

tohooptellen

5-2

oduzimati

aftrecken

2×2

množiti

malnehmen

računati

reken

A

slovo

de Bookstaav

ABCDEFG
HIJKLMN
OPQRSTU
VWXYZ

abeceda

dat ABC

hello

riječ

dat Woort

tekst

de Text

čitati

lesen

kreda

de Kried

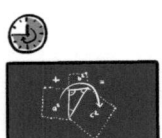

sat

de Stunn

školski dnevnik

dat Klassenbook

ispit

de Pröven

svjedočanstvo

dat Tüügnis

školska uniforma

de Schooluniform

izobrazba

de Utbillen

leksikon

dat Nakieksel

univerzitet

de Universität

mikroskop

dat Mikroskop

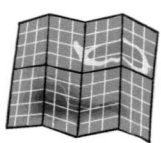

karta

de Koort

korpa za papir

de Papeerkorf

putovanje
de Törn

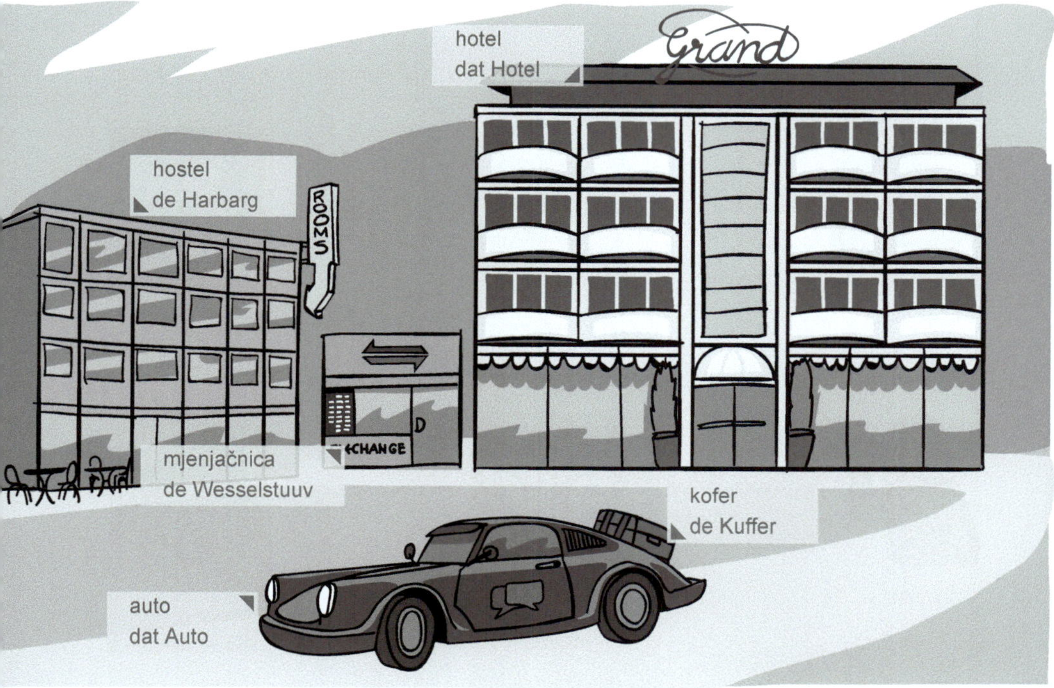
hotel
dat Hotel
Grand
hostel
de Harbarg
ROOMS
mjenjačnica
de Wesselstuuv
EXCHANGE
kofer
de Kuffer
auto
dat Auto

jezik

de Spraak

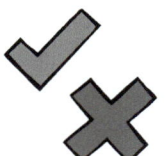

da / ne

jo / ne

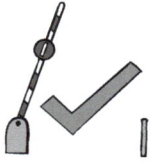

okej

Jo

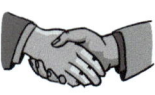

zdravo

Moin

tumač

de Översetter

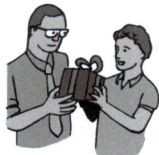

hvala

Dank ok

Koliko košta...?

Wat kost…?

Ne razumijem

Ik verstah nich

problem

dat Problem

dobro veče!

Goden Avend

Dobro jutro!

Moin!

Laku noć!

Gode Nacht!

doviđenja

Tschüüs

smjer

de Richt

prtljag

de Bagaasch

torba

de Tasch

ruksak

de Rüchsack

gost

de Gast

soba

de Stuuv

vreća za spavanje

de Slaapsack

šator

dat Telt

turističke informacije

le Touristeninformatschoon

plaža

de Strand

kreditna kartica

de Kreditkoort

doručak

dat Fröhstück

ručak

dat Meddageten

večera

dat Avendeten

putna karta

de Fohrkort

lift

de Fohrstohl

poštanska markica

de Breefmark

granica

de Grenz

carina

de Toll

ambasada

de Bottschop

viza

dat Visum

pasoš

de Pass

transport
de Transport

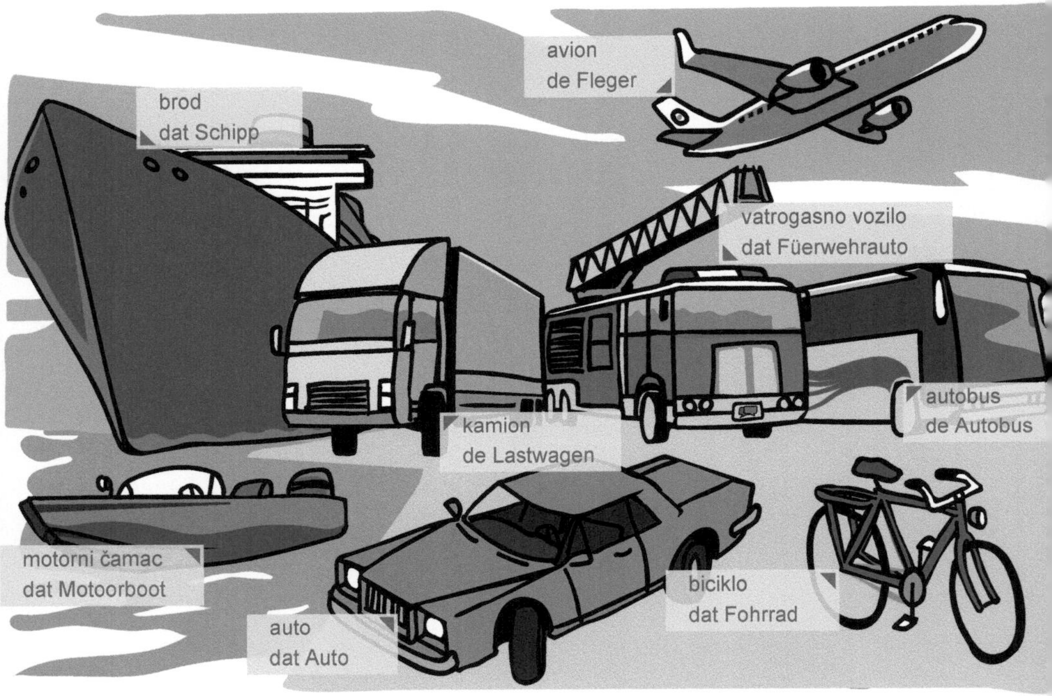

avion
de Fleger

brod
dat Schipp

vatrogasno vozilo
dat Füerwehrauto

autobus
de Autobus

kamion
de Lastwagen

motorni čamac
dat Motoorboot

biciklo
dat Fohrrad

auto
dat Auto

trajekt
de Fähr

brod
dat Boot

motocikl
dat Motoorrad

policijski automobil
dat Polizeiauto

trkaći automobil
dat Rönnauto

unajmljeni automobil
de Lehnwagen

kar-šering

dat Carsharing

pauk

de Afsleepwagen

smećarsko vozilo

dat Müllauto

motor

de Motoor

gorivo

de Kraftstoff

benzinska pumpa

de Tanksteed

saobraćajni znak

dat Verkehrsschild

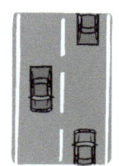

saobraćaj

de Verkehr

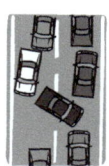

zastoj

de Stau

parking

de Afstellplatz

željeznička stanica

de Bahnhoff

šine

de Sporen

voz

de Tog

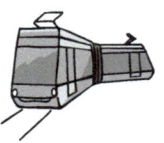

tramvaj

de Stratenbahn

vagon

de Wagon

helikopter

de Dwarsmöhl

aerodrom

de Flooghaven

toranj

de Tower

putnik

de Fohrgast

kontejner

de Grootkist

karton

de Karton

tačke

de Koor

korpa

de Korf

poletjeti / sletjeti

starten / lannen

grad
de Stadt

selo

dat Dörp

centar grada

de Binnenstadt

kuća

dat Huus

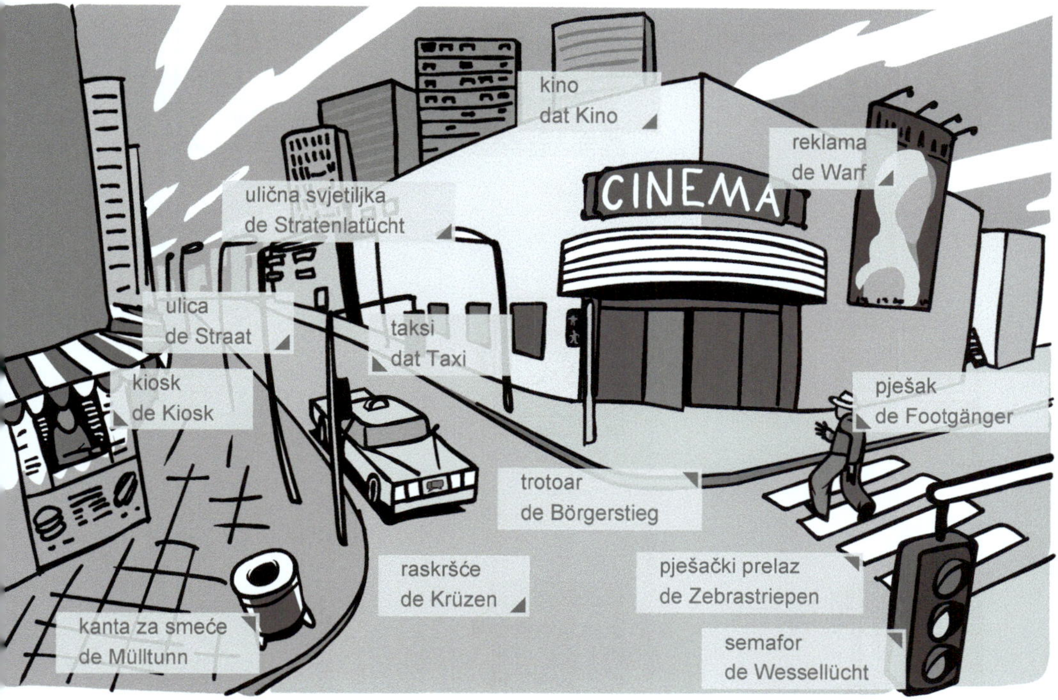

kino
dat Kino

reklama
de Warf

ulična svjetiljka
de Stratenlatücht

ulica
de Straat

taksi
dat Taxi

kiosk
de Kiosk

pješak
de Footgänger

trotoar
de Börgerstieg

raskršće
de Krüzen

pješački prelaz
de Zebrastriepen

kanta za smeće
de Mülltunn

semafor
de Wessellücht

CINEMA

koliba
de Hütt

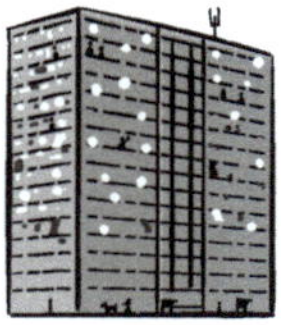

stan
de Wahnung

željeznička stanica
de Bahnhoff

vjećnica
dat Raathuus

muzej
dat Museum

škola
de School

grad - de Stadt

univerzitet

de Universität

banka

de Bank

bolnica

dat Krankenhuus

hotel

dat Hotel

apoteka

de Afteek

ured

dat Büro

knjižara

de Bookhökerie

radnja

de Hökerie

cvjećara

de Blomenhökerie

supermarket

de Supermarkt

pijaca

de Markt

robna kuća

dat Koophuus

prodavač ribe

de Fischhökerie

trgovački centar

dat Inkoopszentrum

luka

de Haven

park

de Parkanlaag

klupa

de Bank

most

de Brüch

stepenice

de Trepp

podzemna željeznica

de Ünnergrundbahn

tunel

de Tunnel

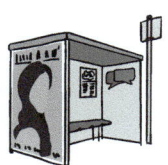

autobuska stanica

de Busstoppsteed

bar

de Bar

restoran

dat Spieslokal

poštanski sandučić

de Breefkassen

saobraćajni znak

dat Stratenschild

sat za naplatu parkinga

de Parkklock

zoološki vrt

de Deertenpark

bazen

de Baadanstalt

džamija

de Moschee

seosko imanje

de Buernhoff

zagađenje okoline

de Ümweltversmudden

groblje

de Karkhoff

crkva

de Kark

igralište

de Speelplatz

hram

de Tempel

krajolik

de Landschop

list
dat Blatt

putokaz
de Wiespahl

putokaz
de Weg

livada
de Wisch

kamen
de Steen

putnik
de Wannerer

drvo
de Boom

rijeka
de Fluss

trava
dat Gras

cvijet
de Bloom

dolina
dat Daal

brdo
de Barg

jezero
de See

šuma
dat Holt

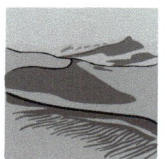

pustinja
de Wööst

vulkan
de Füerspien Barg

dvorac
dat Slott

duga
de Regenbagen

gljiva
de Poggenstohl

palma
de Palm

komarac
de Steekmück

muha
de Fleeg

mrav
de Miegeemk

pčela
de Imm

pauk
de Spinn

buba

de Sebber

žaba

de Pogg

vjeverica

de Katteker

jež

de Swienegel

zec

de Haas

sova

de Uul

ptica

de Vagel

labud

de Swaan

divlja svinja

dat Wildswien

jelen

de Hirsch

los

de Elk

brana

de Staudamm

vjetrenjača

dat Windrad

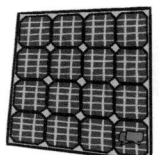

solarni modul

dat Solarmodul

klima

dat Klima

restoran
dat Spieslokal

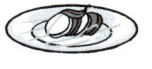

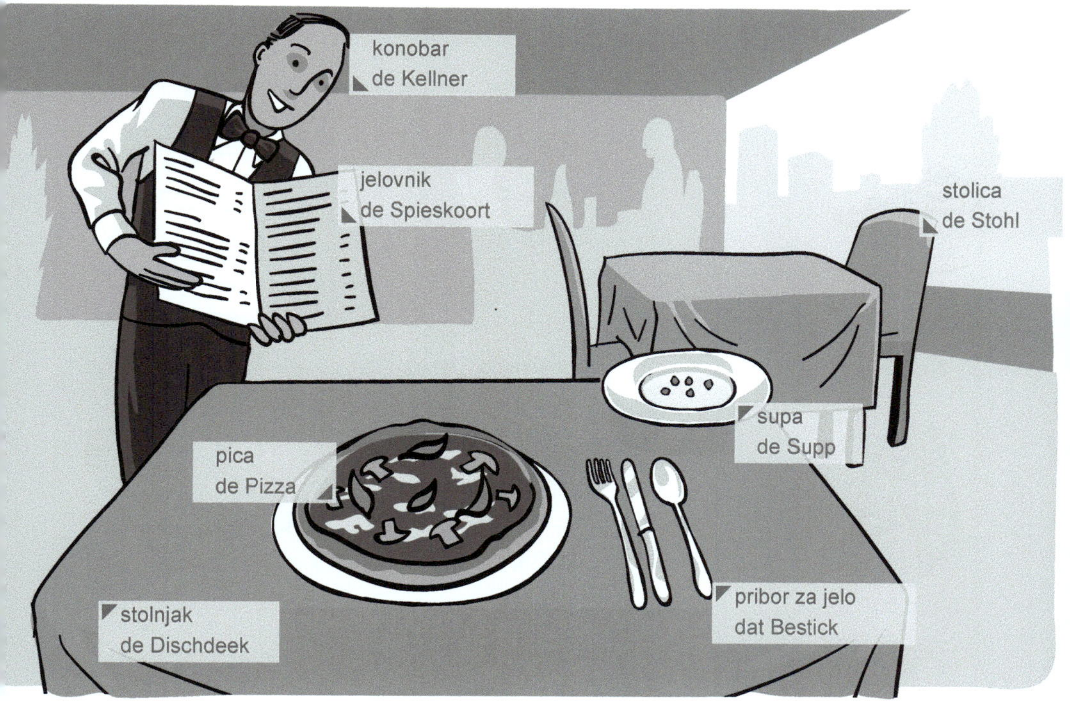
konobar
de Kellner
jelovnik
de Spieskoort
stolica
de Stohl
supa
de Supp
pica
de Pizza
stolnjak
de Dischdeek
pribor za jelo
dat Bestick

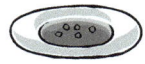

predjelo
de Vörspies

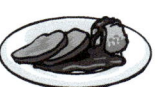

glavno jelo
dat Haupteten

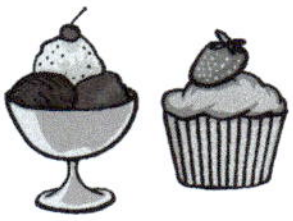

desert
de Nadisch

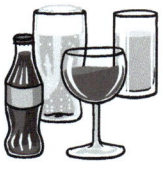

piće
de Drünk

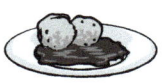

jelo
dat Eten

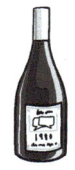

flaša
de Buddel

brza hrana

dat Fastfood

jelo sa ulice

dat Strateneten

čajnik

de Teekann

šećernica

de Zuckerdoos

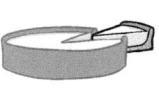

porcija

de Portschoon

mašina za espreso

de Espressomaschien

barska stolica

de Hoochstohl

račun

de Reken

tacna

dat Tablett

nož

dat Mess

viljuška

de Gavel

kašika

de Lepel

kašičica

de Teelepel

salveta

dat Munddook

čaša

dat Glas

tanjir

de Töller

tanjir za supu

de Suppentöller

tanjurić

de Ünnertass

sos

de Sooß

solanik

de Soltstreuer

mlin za biber

de Pepermöhl

sirće

de Etig

ulje

dat Ööl

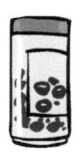 

začini

de Krüder

kečap

de Ketchup

senf

de Mostrich

majoneza

de Mayonnaise

supermarket

de Supermarkt

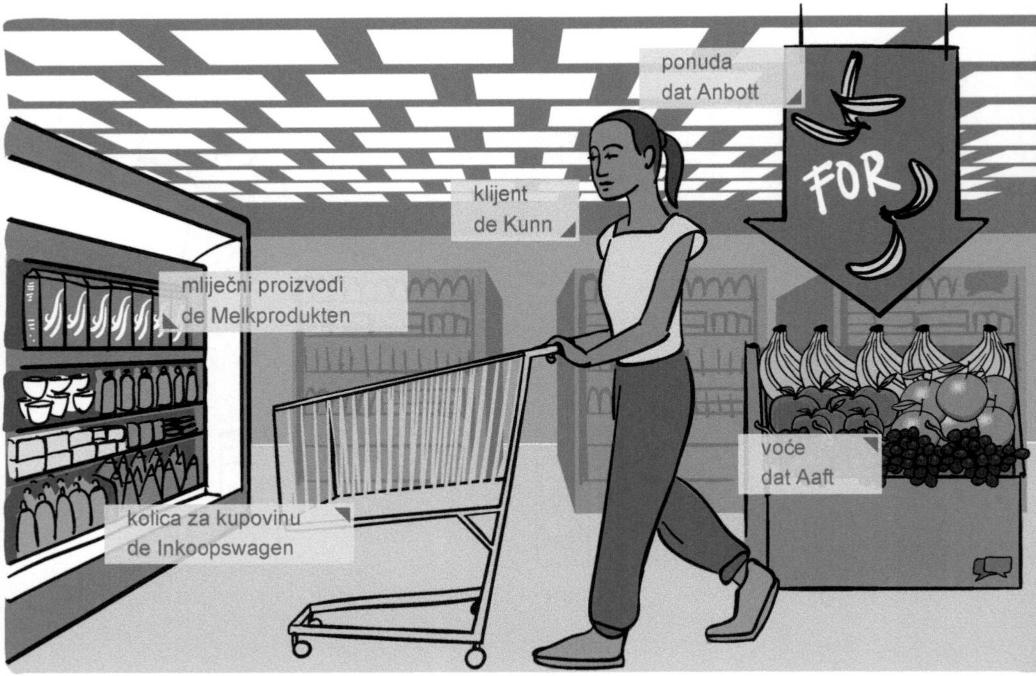

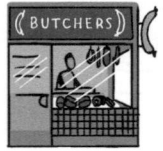

ponuda
dat Anbott
FOR
klijent
de Kunn
mliječni proizvodi
de Melkprodukten
voće
dat Aaft
kolica za kupovinu
de Inkoopswagen

BUTCHERS

mesnica- klaonica

de Slachterie

BAKERY

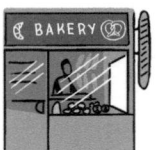

pekara

de Bäckerie

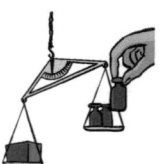

vagati

wegen

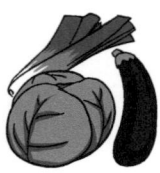

povrće

de Gröönsaken

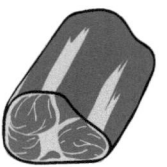

meso

dat Fleesch

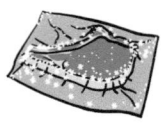

zaleđena hrana

de Deepköhlkost

narezak

de Opsnitt

konzerve

de Konserven

prašak za veš

de Waschmiddel

slatkiši

de Snoopkraam

kućanski proizvodi

de Huushooltssaken

sredstvo za čišćenje

de Reinmaaktüüch

prodavačica

de Verköpersche

kasa

de Kass

blagajnik

de Kasserer

lista za kupovinu

de Inkoopslist

radno vrijeme

de Opsparrtieden

novčanik

de Breeftasch

kreditna kartica

de Kreditkoort

torba

de Tasch

najlonska vrećica

de Plastiktüüt

voda

dat Water

sok

de Saft

mlijeko

de Melk

kola

de Cola

vino

de Wien

pivo

dat Beer

alkohol

de Spriet

kakao

de Kakao

čaj

de Tee

kafa

de Koffie

espreso

de Espresso

kapućino

de Cappucino

banana

de Banaan

jabuka

de Appel

narandža

de Appelsien

lubenica

de Meloon

limun

de Zitroon

mrkva

de Wöttel

bijeli luk

de Knuuvlook

bambus

de Bambus

crveni luk

de Zibbel

gljiva

de Poggenstohl

orašasti plodovi

de Nööt

pasta

de Nudeln

špagete

de Spaghetti

riža

de Ries

salata

de Salat

pomfrit

de Pommes frites

pečeni krompir

de Braadkantüffeln

pica

de Pizza

hamburger

de Hamborger

sendvič

dat Sandwich

šnicla

dat Snitzel

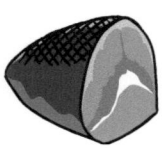

šunka

de Schinken

kobasica

de Salami

kobasica

de Wust

kokoš

dat Hohn

pečenje

de Braden

riba

de Fisch

zobene pahuljice

de Haverflocken

muzli

dat Müsli

kornfleks

de Cornflakes

brašno

dat Mehl

kroason

de Croissant

zemičke

dat Rundstück

kruh

dat Broot

tost

dat Toast

keksi

de Keksen

maslac

de Botter

svježi sir

de Quark

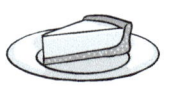

kolač

de Koken

jaje

dat Ei

jaje na oko

dat Spegelei

sir

de Kees

sladoled

de Ies

šećer

de Zucker

med

de Honnig

marmelada

de Marmelaad

nugat krema

de Nougat-Creme

kuri

dat Curry

seosko imanje
de Buernhoff

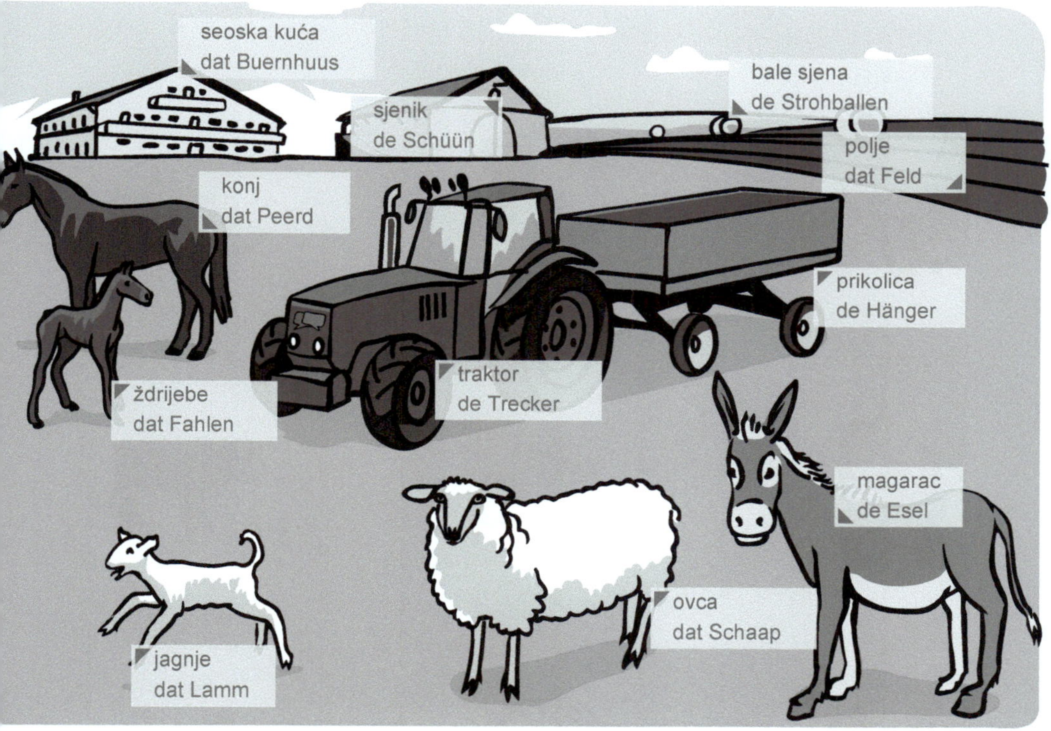

seoska kuća
dat Buernhuus
sjenik
de Schüün
bale sjena
de Strohballen
polje
dat Feld
konj
dat Peerd
prikolica
de Hänger
traktor
de Trecker
ždrijebe
dat Fahlen
magarac
de Esel
ovca
dat Schaap
jagnje
dat Lamm

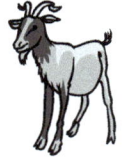

koza

de Zeeg

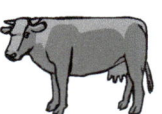

krava

de Koh

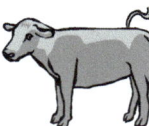

tele

dat Kalf

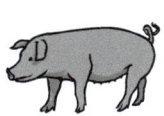

svinja

dat Swien

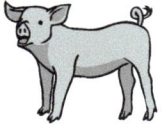

prase

dat Farken

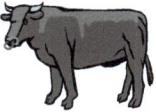

bik

de Bull

guska

de Goos

patka

de Aant

pile

dat Küken

kokoška

dat Hohn

pjetao

de Hahn

pacov

de Rott

mačka

de Katt

miš

de Muus

vol

de Oss

pas

de Hund

pseća kućica

de Hunnenhütt

crijevo za baštu

de Goornslauch

kanta za zalijevanje

de Geetkann

kosa

de Lee

plug

de Ploog

srp

de Sich

motika

de Hack

vile

de Mestfork

sjekira

de Ext

tačke

de Schuufkoor

korito

de Trog

bokal za mlijeko

de Melkkann

vreća

de Sack

ograda

de Tuun

štala

de Stall

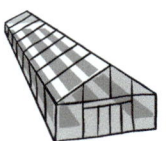

staklenik

dat Drievhuus

tlo

de Bodden

sjeme

de Saat

đubrivo

de Dünger

kombajn

de Meihdöscher

kositi

oornen

žetva

de Oorn

jam korijen

de Yamswöttel

pšenica

de Weten

soja

dat Soja

krompir

de Kantüffel

kukuruz

de Törksche Weten

uljana repica

de Rapp

drvo voća

de Aaftboom

manioka

de Troopsch Kantüffel

žito

dat Koorn

kuća
dat Huus

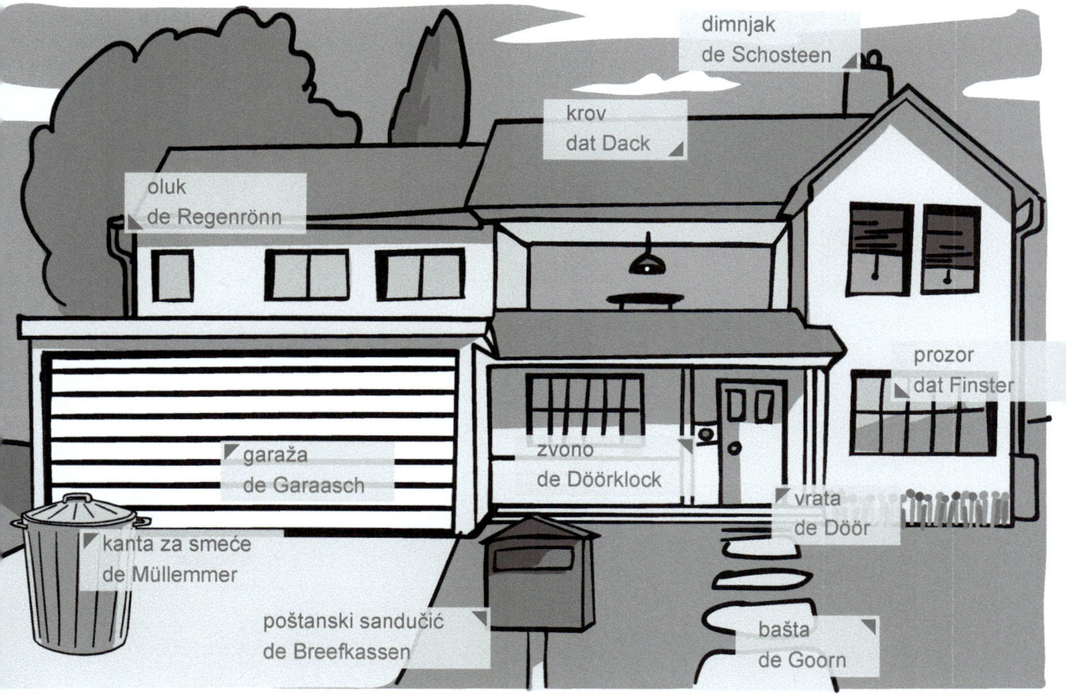
dimnjak
de Schosteen
krov
dat Dack
oluk
de Regenrönn
prozor
dat Finster
garaža
de Garaasch
zvono
de Döörklock
vrata
de Döör
kanta za smeće
de Müllemmer
poštanski sandučić
de Breefkassen
bašta
de Goorn

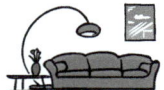

dnevni boravak

de Wahnstuuv

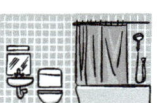

kupatilo

de Baadstuuv

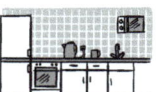

kuhinja

de Köök

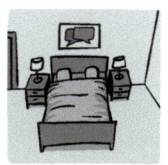

spavaća soba

de Slaapstuuv

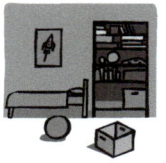

dječija soba

de Kinnerstuuv

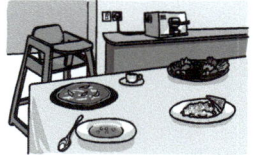

trpezarija

de Eetstuuv

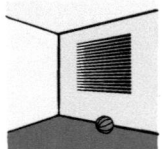

pod, tlo

de Footbodden

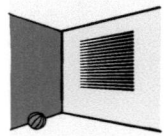

zid

de Wand

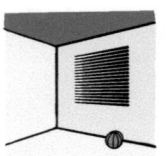

plafon

de Deek

podrum

de Keller

sauna

dat Hittluftbad

balkon

de Balkon

terasa

de Terrass

bazen

dat Swümmbad

kosilica

de Rasenmeiher

posteljina

de Bettbetog

pokrivač

de Bettdeek

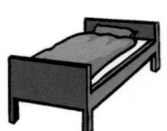

krevet

de Puuch

metla

de Bessen

kanta

de Emmer

prekidač

de Schalter

dnevni boravak
de Wahnstuuv

tapeta
de Tapeet
fotografija
dat Bild
lampa
de Lamp
polica
dat Regal
ormar
dat Schapp
televizija
de Kiekkassen
dimnjak
de Kamin
cvijet
de Bloom
jastuk
dat Küssen
kauč
dat Sofa
vaza
de Vaas
daljinski upravljač
de Feernbedenen

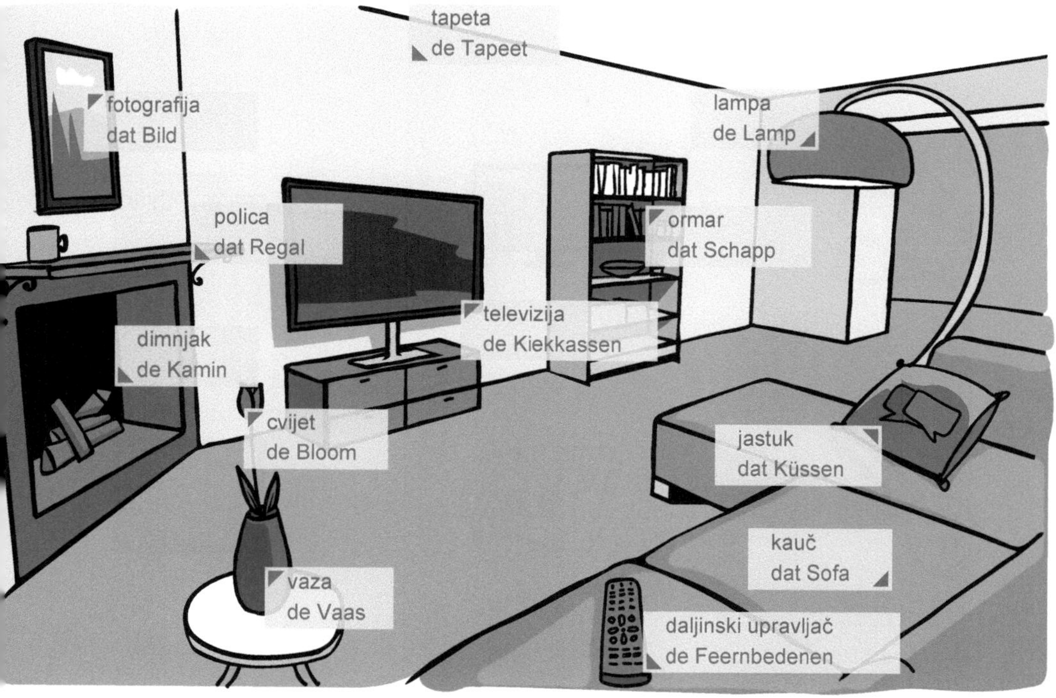

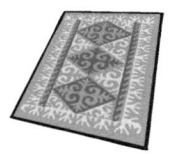

tepih
de Teppich

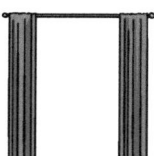

zavjesa
de Vörhang

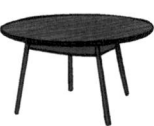

stol
de Disch

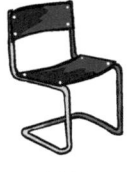

stolica
de Stohl

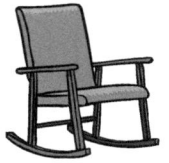

stolica za ljuljanje
de Schuckelstohl

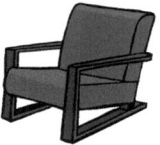

fotelja
de Sessel

knjiga

dat Book

deka

de Deek

dekoracija

de Dekoratschoon

ložno drvo

dat Füerholt

film

de Film

stereo uređaj

de Stereoanlaag

ključ

de Slötel

novine

dat Narichtenblatt

umjetnička slika

dat Gemälde

poster

dat Poster

radio

dat Radio

blok za bilješke

de Opschrievblock

usisavač

de Huulbessen

kaktus

de Kaktus

svijeća

de Kars

kuhinja
de Köök

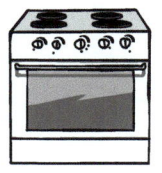

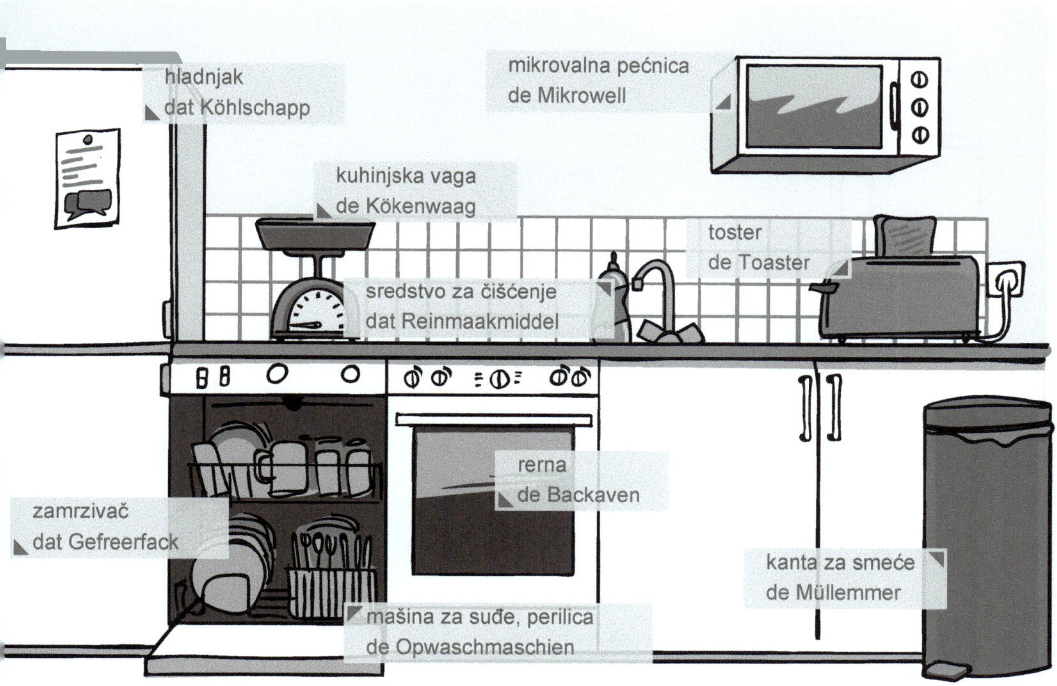
hladnjak
dat Köhlschapp
mikrovalna pećnica
de Mikrowell
kuhinjska vaga
de Kökenwaag
toster
de Toaster
sredstvo za čišćenje
dat Reinmaakmiddel
rerna
de Backaven
zamrzivač
dat Gefreerfack
kanta za smeće
de Müllemmer
mašina za suđe, perilica
de Opwaschmaschien

peć

de Heerd

lonac

de Pott

metalni lonac

de Gussiesern Putt

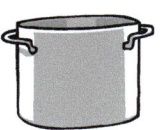

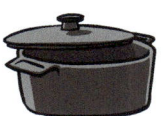

vok / kadai

de Wok / Kadai

tava, tiganj

de Pann

kuhalo

de Waterkaker

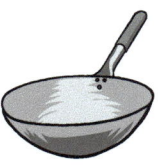

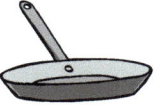

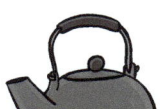

aparat za kuhanje na pari

de Dampkaakputt

lim za pečenje

dat Backblick

posuđe

dat Geschirr

šalica

de Beker

činija

de Schaal

kineski štapići

de Eetsticken

kutlača

de Suppenkell

lopatica

de Pannenwenner

metlica za snijeg bjelanjca

de Sneebessen

sito za kuhanje

dat Kaakseef

sito

dat Seef

ribež

de Riev

avan s tučkom

de Mörser

roštilj

de Grill

ložište

de Füerstell

daska

dat Sniedbrett

oklagija

dat Nudelholt

vadičep

de Proppentrecker

konzerva

de Doos

otvarač za konzerve

de Dosenaapner

krpe za lonac

de Pottlappen

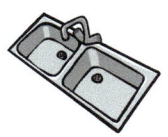

sudoper

dat Waschbecken

četka

de Böst

spužva

de Swamm

mikser

de Mixer

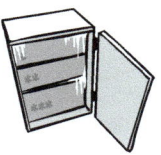

zamrzivač

dat Iesschapp

flašica za bebu

de Nuckelbuddel

slavina

de Waterhahn

kupatilo

de Baadstuuv

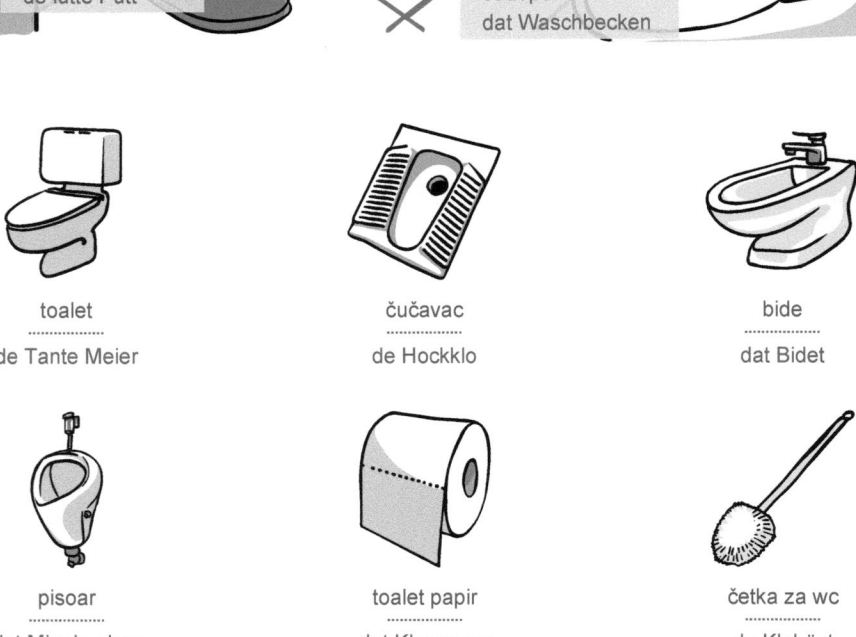

tuš
de Bruus

grijanje
de Heizung

peškir
dat Handdook

zavjesa za tuš
de Bruusvörhang

pjenušava kupka
dat Schuumbad

kada
de Baadwann

čaša
dat Glas

mašina za veš
de Waschmaschien

slavina
de Waterhahn

pločice
de Fliesen

dječja kahlica
de lütte Putt

sudoper
dat Waschbecken

toalet
de Tante Meier

čučavac
de Hockklo

bide
dat Bidet

pisoar
dat Miegbecken

toalet papir
dat Klopapeer

četka za wc
de Kloböst

38

kupatilo - de Baadstuuv

četkica za zube

de Tähnböst

pasta za zube

de Tähnpast

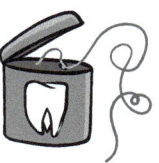

zubni konac

de Tähnsied

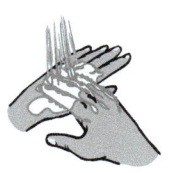

prati

waschen

tuš

de Handbruus

intimni tuš

de Intimbruus

lavor

de Waschschöttel

četka za leđa

de Rüchböst

sapun

de Seep

gel za tuširanje

dat Bruusgeel

šampon

dat Hoorwaschmiddel

krpe za pranje

de Waschlappen

odvod

de Afloop

krema

de Creme

dezodorans

dat Deodorant

ogledalo

de Spegel

ogledalo za šminkanje

de Kosmetikspegel

brijač

de Raserer

pjena za brijanje

de Raseerschuum

vodica poslije brijanja

dat Raseerwater

češalj

de Kamm

četka

de Böst

fen

de Hoordröger

sprej za kosu

dat Hoorspray

puder

de Smink

karmin

de Lippensticken

lak za nokte

de Nagellack

vata

de Watt

makazice za nokte

de Nagelscheer

parfem

dat Rüükwater

kozmetička torbica

de Kulturbüdel

hoklica

de Schemel

vaga

de Waag

kupaći ogrtač

de Baadmantel

rukavice za čišćenje

de Gummihanschen

tampon

de Tampon

uložak za dame

de Damenbinn

hemijski toalet

dat Chemieklo

dječija soba
de Kinnerstuuv

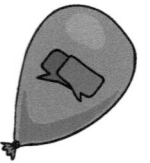

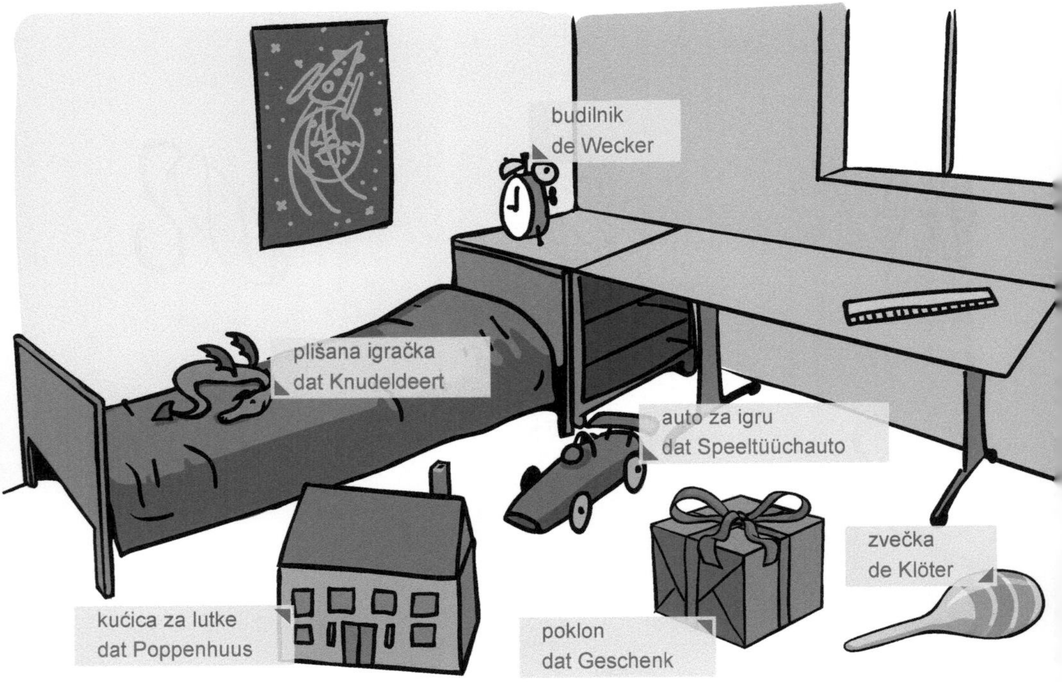
budilnik
de Wecker
plišana igračka
dat Knudeldeert
auto za igru
dat Speeltüüchauto
zvečka
de Klöter
kućica za lutke
dat Poppenhuus
poklon
dat Geschenk

balon

de Luftballon

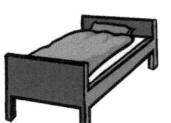

krevet

de Puuch

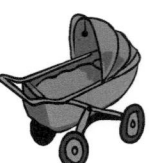

kolica za djecu

de Kinnerwagen

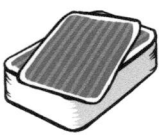

karte za igranje

dat Koortenspeel

puzle

dat Puzzle

SUPER MEGA

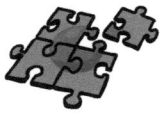

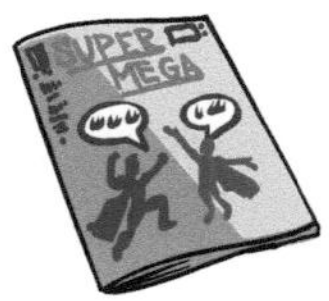

strip

de Billergeschicht

lego kockice

de Legostenen

kockice za gradnju

de Bustenen

akcione figure

de Action-Figur

benkica

de Strampelantog

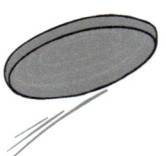

frizbi

de Frisbeeschiev

mobile

dat Mobile

igra na ploči

dat Brettspeel

kocka

de Wörpel

miniatura željeznice

de Modelliesenbahn

cucla

de Snuller

zabava

de Party

slikovnica

dat Billerbook

lopta

de Ball

lutka

de Popp

igrati

spelen

pješćanik

de Sandkassen

ljuljačka

de Schuckel

igračke

dat Speeltüüch

konzola za igru

de Speelkonsool

triciklo

dat Dreerad

medvjedić

de Teddyboor

ormar

dat Klederschapp

odjeća
dat Tüüch

kratke čarape

de Socken

čarape

de Strümp

hulahopke

de Strumpbüx

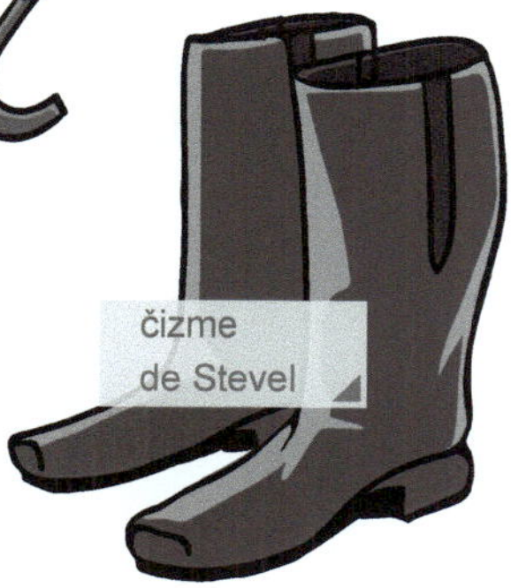

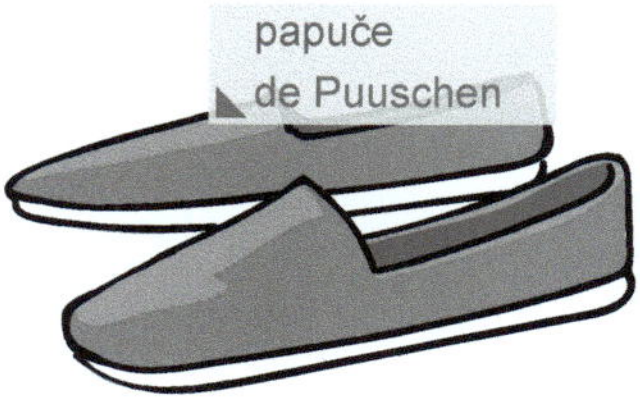

šal
dat Halsdook

kišobran
de Paraplü

majica kratkih rukava
dat T-Shirt

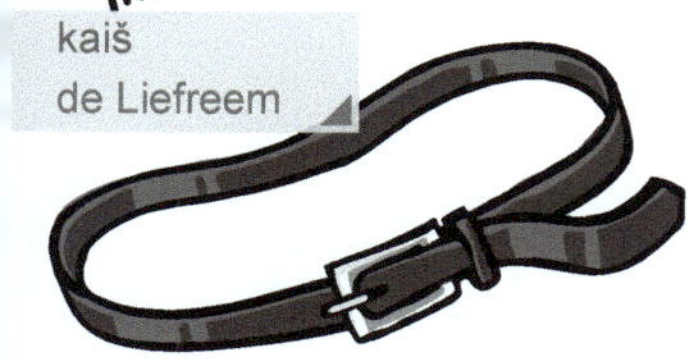

kaiš
de Liefreem

čizme
de Stevel

papuče
de Puuschen

patike
de Turnschoh

sandale
de Sandalen

cipele
de Schoh

gumene čizme
de Gummistevel

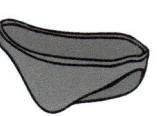

gaće
de Ünnerbüx

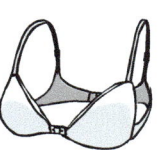

grudnjak
de Bostholler

potkošulja
dat Ünnerhemd

bodi

de Lief

hlače

de Büx

farmerke

de Jeansnüx

suknja

de Rock

bluza

de Bluus

košulja

dat Hemd

džemper

de Pullover

majica

de Kapuzenpullover

sako

de Blazer

jakna

de Jack

mantil

de Mantel

kišni mantil

de Övertrecker

kostim

dat Kostüm

haljina

dat Kleed

vjenčanica

dat Hochtietskleed

odijelo

de Antog

spavaćica

dat Nachtkleed

pidžama

de Slaapantog

sari

de Sari

marama

dat Koppdook

turban

de Turban

burka

de Burka

kaftan

de Kaftan

abaja

de Abaya

kupaći kostim

de Baadantog

kupaće gaće

de Baadbüx

kratke hlače

de Korte Büx

trenerka

de Antog to'n Öven

pregača

de Schört

rukavice

de Handschoh

dugme

de Knopp

naočare

de Brill

narukvica

dat Armband

ogrlica

de Halskeed

prsten

de Ring

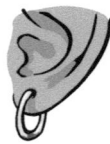

naušnica

de Ohrbummel

kapa

de Mütz

vješalica

de Klederbögel

šešir

de Hoot

kravata

de Binner

patentni zatvarač

de Rietslüter

kaciga

de Helm

tregeri za hlače

dat Drachtband

školska uniforma

de Schooluniform

uniforma

de Uniform

podbradak

de Severböten

cucla

de Snuller

pelene

de Winnel

ured
dat Büro

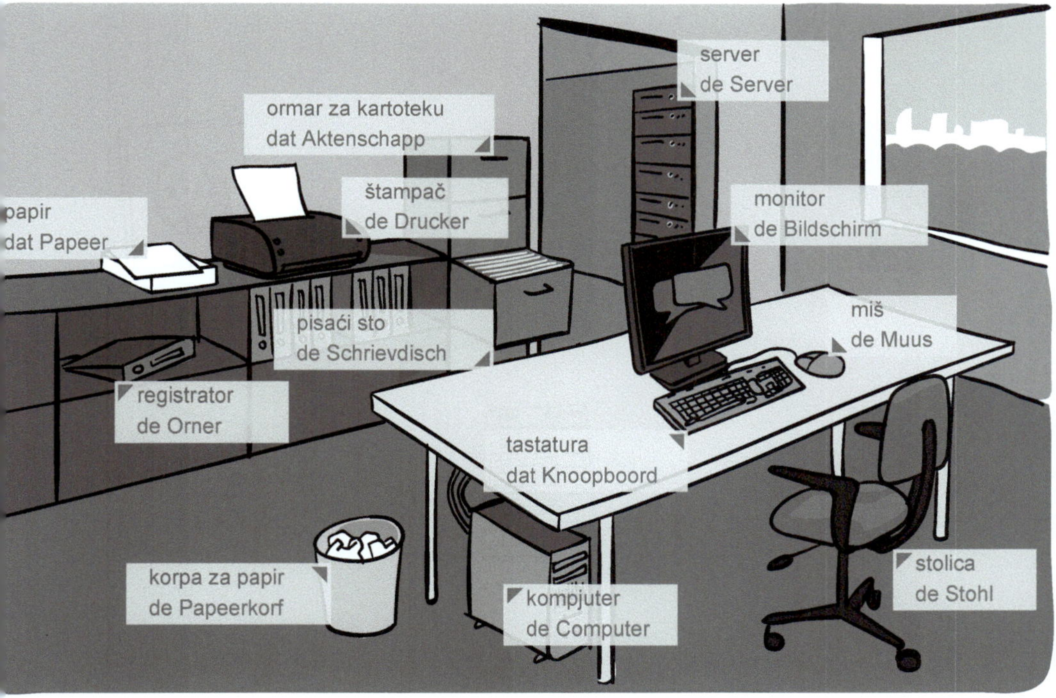

server
de Server

ormar za kartoteku
dat Aktenschapp

štampač
de Drucker

monitor
de Bildschirm

papir
dat Papeer

pisaći sto
de Schrievdisch

miš
de Muus

registrator
de Orner

tastatura
dat Knoopboord

korpa za papir
de Papeerkorf

kompjuter
de Computer

stolica
de Stohl

šolja za kafu

de Koffiebeker

kalkulator

de Taschenreekner

internet

dat Internet

laptop

de Klappreekner

pismo

de Breef

poruka

de Naricht

mobilni telefon

de Ackersnacker

mreža

dat Nettwark

aparat za kopiranje

de Kopeerapparat

softver

de Software

telefon

de Klöönkassen

utičnica

de Steekdoos

faks

de Faxapparat

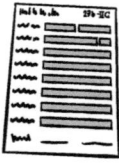

formular

dat Formulor

dokument

dat Dokument

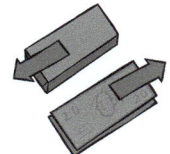

kupovati

köpen

platiti

betahlen

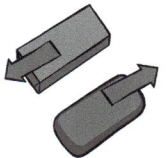

trgovati

hanneln

novac

dat Geld

dolar

de Dollar

euro

de Euro

jen

de Yen

rublja

de Ruvel

franak

de Swiezer Franken

renminbi jen

de Renminbi Yuan

rupi

de Rupie

bankomat

de Geldautomat

mjenjačnica

de Wesselstuuv

zlato

dat Gold

srebro

dat Sülver

nafta

dat Ööl

energija

de Energie

cijena

de Pries

ugovor

de Verdrag

porez

de Stüer

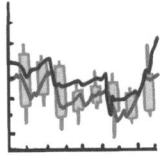

akcija

de Andeelschien

raditi

arbeiden

službenik

de Anstellte

poslodavac

de Arbeitgever

fabrika

de Fabrik

radnja

de Hökerie

zanimanja
de Profeschonen

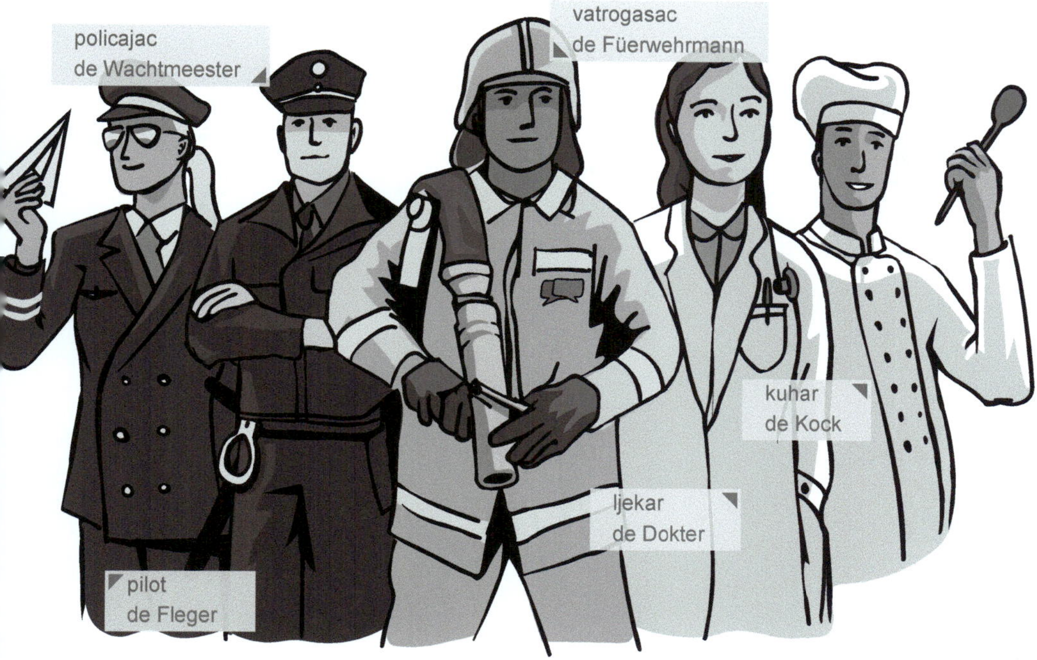

policajac
de Wachtmeester
vatrogasac
de Füerwehrmann
kuhar
de Kock
ljekar
de Dokter
pilot
de Fleger

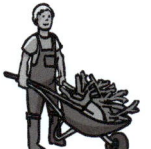

baštovan

de Goorner

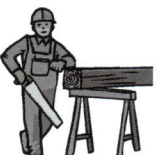

stolar

de Discher

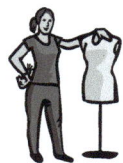

krojačica

de Neihersche

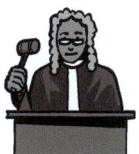

sudija

de Richter

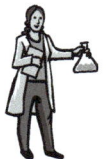

hemičar

de Chemiker

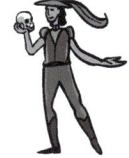

glumac

de Schauspeler

vozač autobusa

de Busfohrer

vozač taksija

de Taxifohrer

ribar

de Fischer

čistačica

de Reinmaakfru

krovopokrivač

de Dackdecker

konobar

de Kellner

lovac

de Jäger

moler

de Maler

pekar

de Bäcker

električar

de Elektriker

građevinski radnik

de Buarbeider

inženjer

de Ingenieur

koljač

de Slachter

limar, vodoinstalater

de Klempner

poštar

de Postbüdel

vojnik

de Suldat

arhitekta

de Architekt

blagajnik

de Kasserer

cvjećar

de Florist

frizer

de Putzbüdel

kontrolor

de Schaffner

mehaničar

de Mechaniker

kapiten

de Kaptein

zubar

de Tähndokter

naučnik

de Wetenschopler

rabin

de Rabbi

imam

de Imam

monah

de Mönk

sveštenik

de Paap

alat

dat Warktüüch

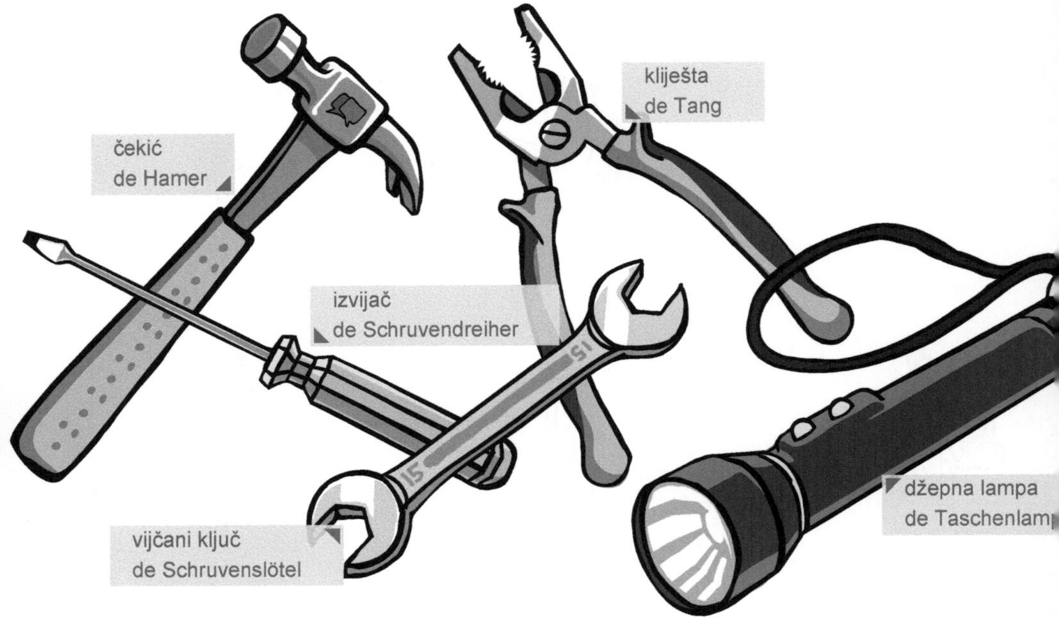

kliješta
de Tang
čekić
de Hamer
izvijač
de Schruvendreiher
džepna lampa
de Taschenlam
vijčani ključ
de Schruvenslötel

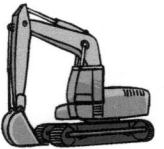

bager

de Grieper

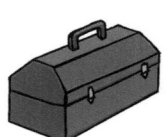

kutija sa alatom

de Warktüüchkassen

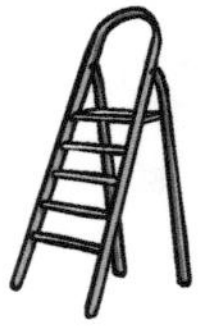

ljestve

de Ledder

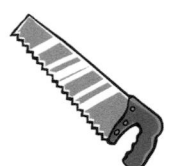

testera, pila

de Saag

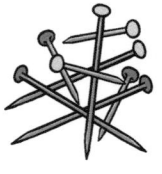

ekser

de Nagels

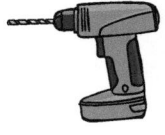

bušilica

de Bohrer

popraviti

heelmaken

lopata

de Schüffel

sranje!

Schiet!

lopatica

dat Kehrblick

kanta boje

de Farvpott

vijak

de Schruven

muzički instrumenti
de Musikinstrumenten

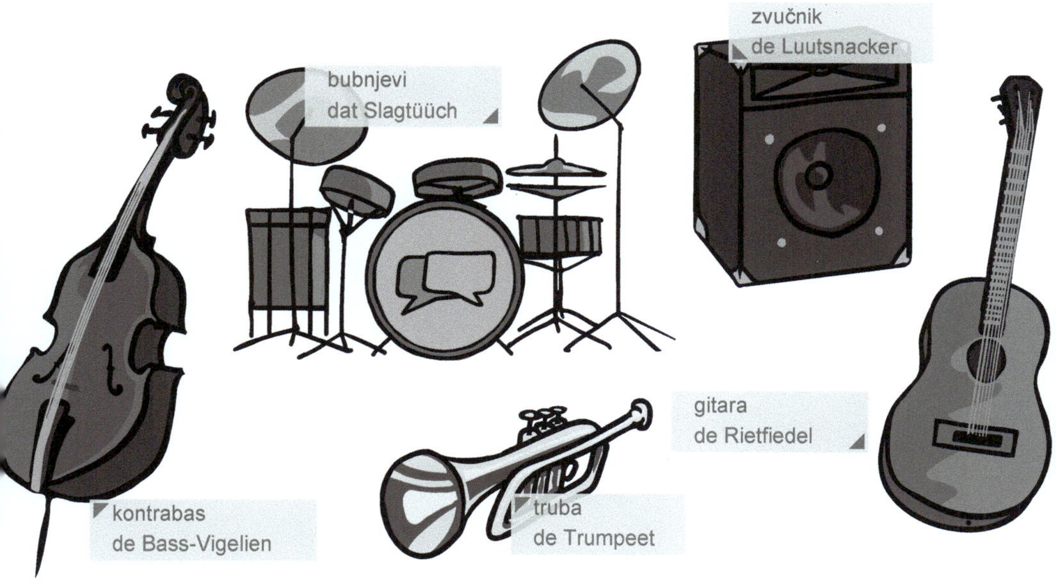

zvučnik
de Luutsnacker

bubnjevi
dat Slagtüüch

gitara
de Rietfiedel

kontrabas
de Bass-Vigelien

truba
de Trumpeet

klavir

dat Klaveer

violina

de Vigelien

bas

de Bass

bubanj timpani

de Pauk

bubanj

de Trummeln

sintisajzer

dat Keyboard

saksofon

dat Saxophon

flauta

de Fleut

mikrofon

dat Mikrofoon

zološki vrt
de Deertenpark

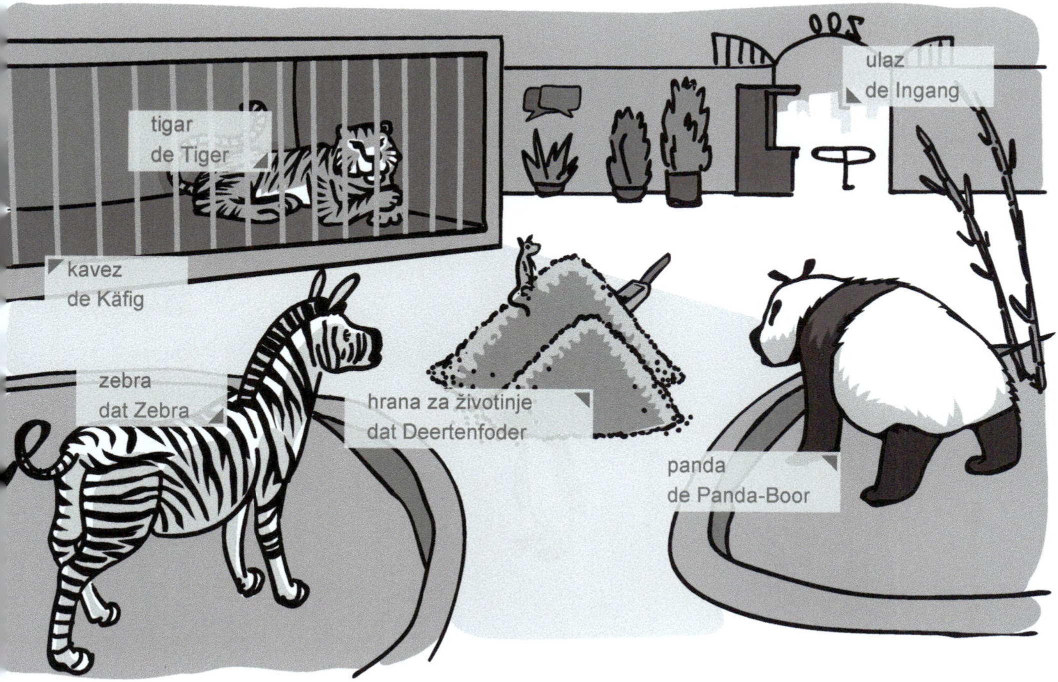
zoo
ulaz
de Ingang
tigar
de Tiger
kavez
de Käfig
zebra
dat Zebra
hrana za životinje
dat Deertenfoder
panda
de Panda-Boor

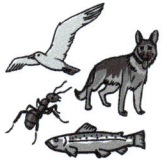

životinje

de Deerten

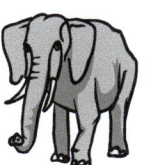

slon

de Elefant

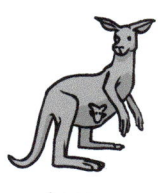

kengur

dat Känguru

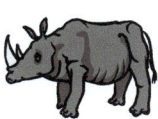

nosorog

dat Neeshoorn

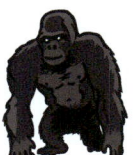

gorila

de Gorilla

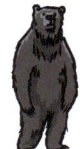

medvjed

de Boor

kamila

dat Kameel

noj

de Struuß

lav

de Lööv

majmun

de Aap

flamingo

de Flamingo

papagaj

de Papagoi

polarni medvjed

de Iesboor

pingvin

de Pinguin

morski pas

de Haifisch

paun

de Pageluun

zmija

de Slang

krokodil

dat Krokodil

čuvar u zološkom vrtu

de Oppasser in'n
Deertenpark

tuljan

de Saalhund

jaguar

de Jaguor

poni

dat Pony

leopard

de Leopard

nilski konj

dat Nilpeerd

žirafa

de Giraff

orao

de Aadler

divlja svinja

dat Wildswien

riba

de Fisch

kornjača

de Schildkrööt

morž

dat Walross

lisica

de Voss

gazela

de Gazell

sport
de Sport

američki fudbal
de Amerikaansch Football

vožnja bicikla
dat Radfohren

tenis
dat Tennis

košarka
de Korfball

plivanje
dat Swümmen

boks
dat Boxen

hokej na ledu
dat Ieshockey

fudbal
de Football

bedminton
dat Fedderball

laka atletika
de Leichtathletik

rukomet
de Handball

skijanje
dat Skilopen

polo
dat Polo

skakati
springen

zagrliti
ümarmen

smijati se
lachen

ići
gahn

pjevati
singen

moliti
beden

ljubiti
snuteln

sanjati
drömen

pisati
schrieven

crtati
teken

pokazati
wiesen

gurati
drücken

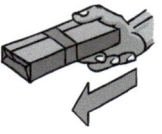

dati
geven

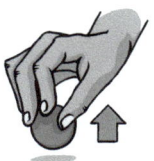

uzeti
nehmen

imati

hebben

raditi

doon

biti

sien

stajati

stahn

trčati

lopen

vući

trecken

baciti

smieten

pasti

fallen

ležati

liggen

čekati

töven

nositi

dregen

sjediti

sitten

obući

antrecken

spavati

slapen

probuditi

opwaken

pogledati

ankieken

plakati

wenen

milovati

eien

češljati

kämmen

govoriti

snacken

razumjeti

verstahn

pitati

fragen

slušati

hören

piti

drinken

jesti

eten

pospremiti

oprümen

voljeti

leefhebben

kuhati

kaken

voziti

fohren

letjeti

flegen

jedriti

segeln

računati

reken

čitati

lesen

učiti

lehren

raditi

arbeiden

vjenčavti

de Plünnen tohoopsmieten

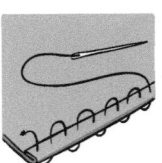

šiti

neihen

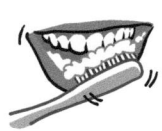

prati zube

Tähnen putzen

ubiti

dootmaken

pušiti

smöken

slati

schicken

porodica
de Familje

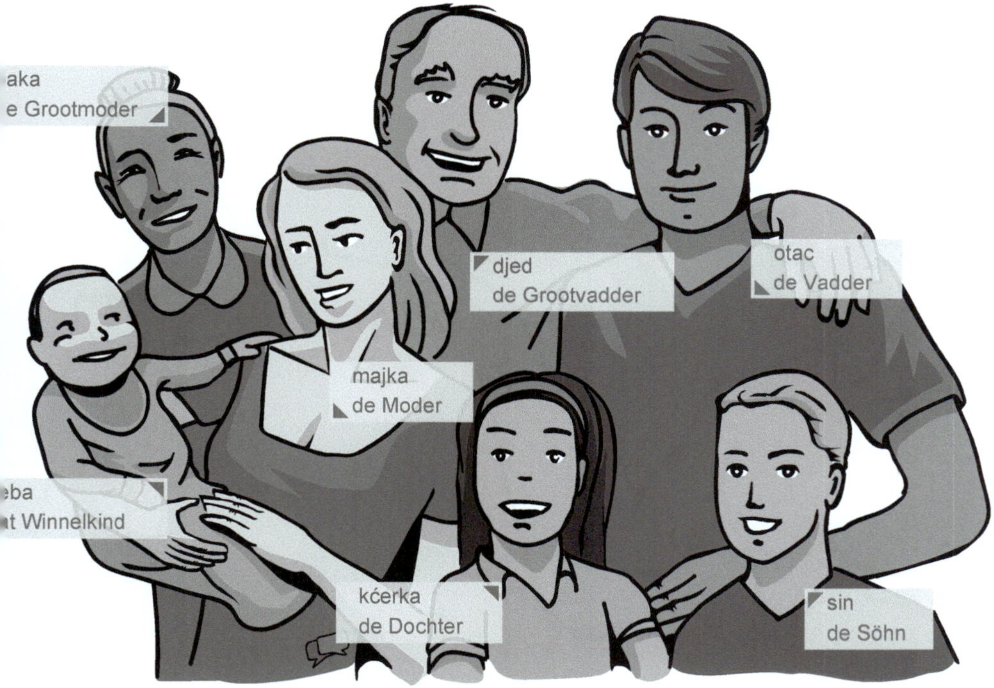
aka
e Grootmoder
djed
de Grootvadder
otac
de Vadder
majka
de Moder
ba
t Winnelkind
kćerka
de Dochter
sin
de Söhn

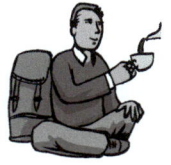

gost

de Gast

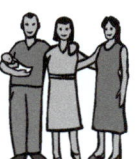

ujna, tetka, strina

de Tant

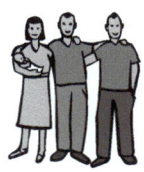

ujak, tetak, stric

de Unkel

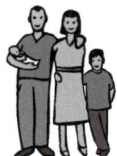

brat

de Broder

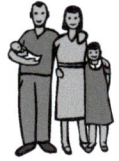

sestra

de Süster

tijelo

de Lief

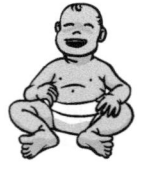

čelo
de Vörkopp
oko
dat Oog
leđa
de Schuller
prst
de Finger
lice
dat Gesicht
brada
dat Kinn
ruka, šaka
de Hand
noga
dat Been
grudi
de Bost
ruka
de Arm

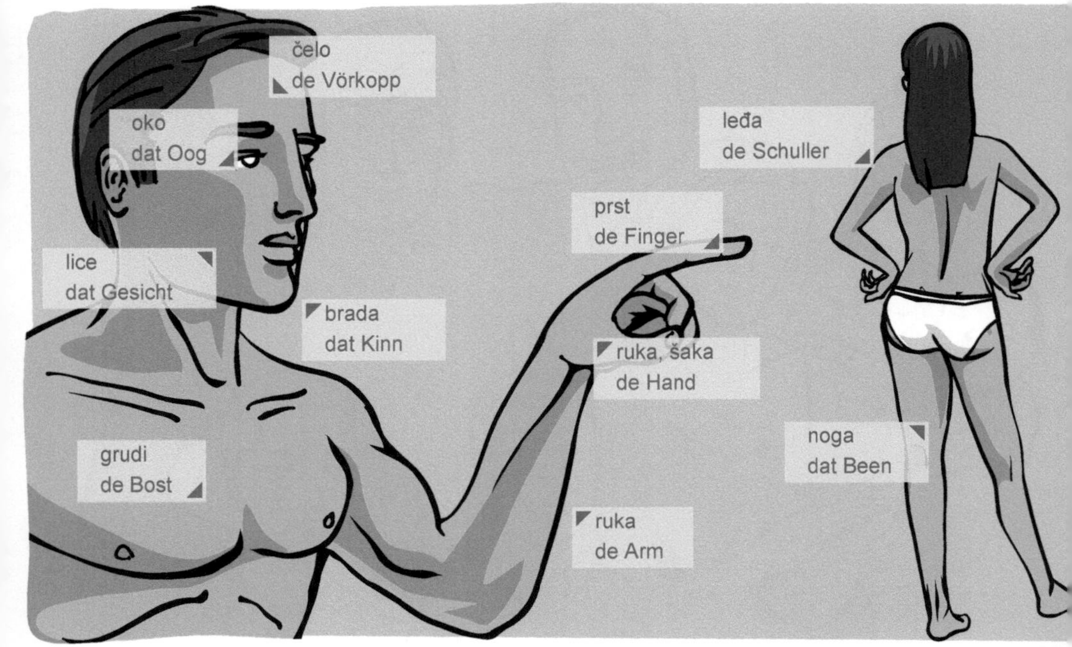

beba

dat Winnelkind

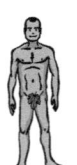

muškarac

de Mann

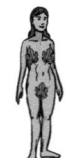

žena

de Fro

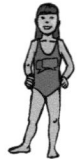

djevojčica

de Deern

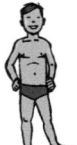

dječak

de Jung

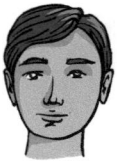

glava

de Arm

leđa
de Rüch

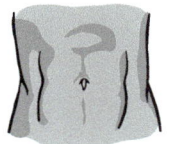

stomak
de Buuk

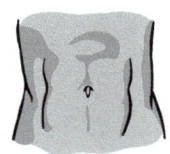

pupak
de Navel

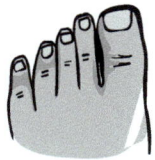

nožni prst
de Teh

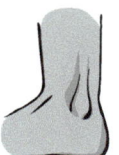

peta
de Hack

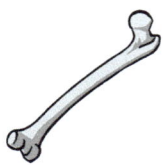

kosti
de Knaken

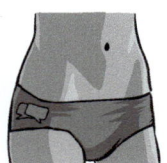

kuk
de Hüft

koljeno
dat Knee

lakat
de Ellbagen

nos
de Nees

stražnjica
de Achtersen

koža
de Huut

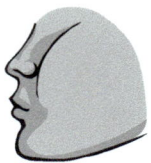

obraz
de Back

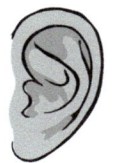

uho
dat Ohr

usna
de Lipp

usta

de Mund

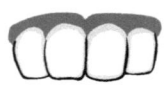

zub

de Tähn

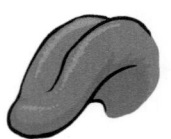

jezik

de Tung

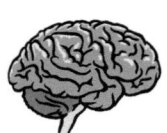

mozak

de Bregen

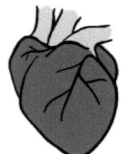

srce

dat Hart

mišić

de Muskel

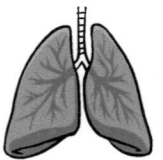

pluća

de Lung

jetra

de Lever

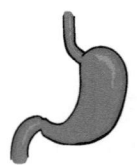

želudac

de Maag

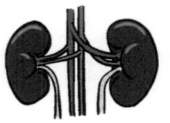

bubreg

de Neren

spolni odnos

de Bislaap

kondom

dat Kondoom

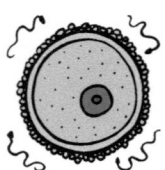

jajna ćelija

de Eizell

sperma

dat Sperma

trudnoća

de Anner Ümstänn

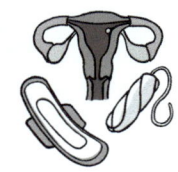

menstruacija

de Menstruatschoon

vagina

de Scheed

penis

de Pint

obrva

de Ogenbroe

kosa

dat Hoor

vrat

de Hals

bolnica
dat Krankenhuus

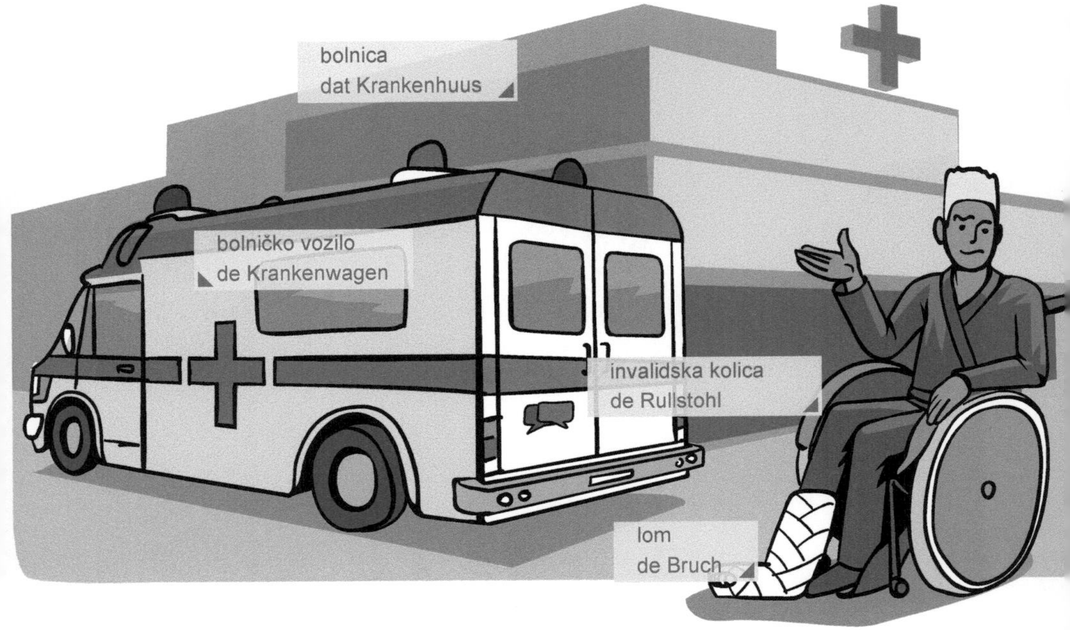

bolnica
dat Krankenhuus
bolničko vozilo
de Krankenwagen
invalidska kolica
de Rullstohl
lom
de Bruch

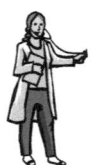

ljekar

de Dokter

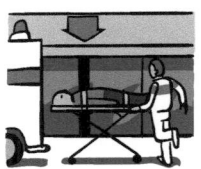

hitna služba

de Nootopnahm

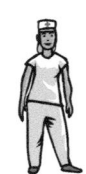

medicinska sestra

de Krankensüster

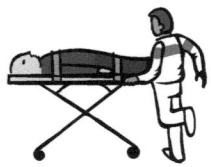

hitna pomoć

de Nootfall

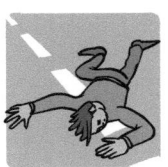

nesvjest

ahnmächtig

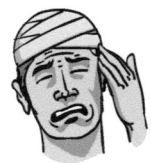

bol

de Wehdaag

povreda

de Verwunnen

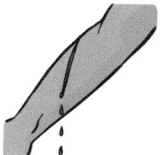

krvarenje

de Blöden

srčani udar, infarkt

de Hartinfarkt

moždani udar

de Slaganfall

alergija

de Allergie

kašalj

de Hoosten

groznica

dat Fever

gripa

de Gripp

proljev

de Dörchfall

glavobolja

de Koppwehdaag

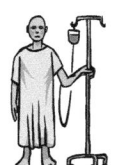

rak

de Kreeft

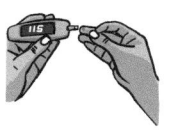

dijabetes

de Zuckersüük

hirurg

de Chirurg

skalpel

dat Chirurgsch Mess

operacija

de Operatschoon

bolnica - dat Krankenhuus   73

CT

dat CT

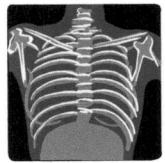

rendgen

de Dörchlüchten

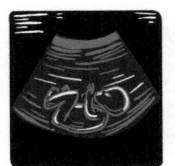

ultrazvuk

de Ultraschall

maska

de Mask

bolest

de Krankheit

čekaonica

de Töövruum

štake

de Krück

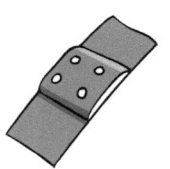

flaster

dat Plaaster

zavoj

de Verband

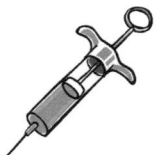

injekcija

de Insprütten

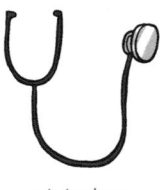

stetoskop

dat Stethoskop

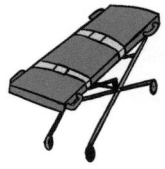

nosilo

de Draag

termometar

dat Feverthermometer

porod

de Geboort

prekomjerna težina, debljina

dat Övergewicht

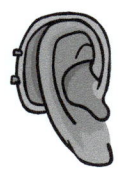

slušni aparat

de Höörapparat

sredstvo za dezinfekciju

dat Kiemfriemiddel

infekcija

de Ansteken

virus

de Virus

HIV/ AIDS

dat HIV / AIDS

medicina

dat Heelmiddel

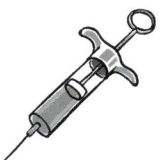

vakcinacija

de Impen

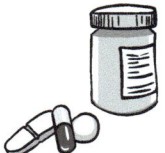

tablete

de Tabletten

pilula

de Pill

hitni poziv

de Nootroop

aparat za mjerenje pritiska

de Blootdruck-Meter

bolestan / zdrav

krank / gesund

Upomoć!

Hölp!

alarm

de Alarm

napad, prepad

de Överfall

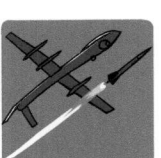

napad

de Angreep

opasnost

de Gefohr

izlaz u slučaju opasnosti

de Nootutgang

Požar!

dat Füer!

vatrogasni aparat

de Füerlöscher

nezgoda

de Unfall

torba prve pomoći

de Noothölpkoffer

SOS

SOS

policija

de Polizei

Europa

Europa

Sjeverna Amerika

Noordamerika

Južna Amerika

Süüdamerika

Afrika

Afrika

Azija

Asien

Australija

Australien

Atlantik

de Atlantik

Pacifik

de Pazifik

Indijski okean

dat Indisch Weltmeer

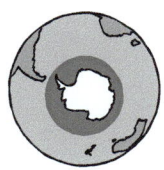

Antarktički okean

dat Antarktisch Weltmeer

Arktički okean

dat Arktisch Weltmeer

Sjeverni pol

de Noordpol

Južni pol

de Süüdpol

Antarktik

de Antarktis

Zemlja

de Eerd

zemlja

dat Land

more

de See

ostrvo

dat Eiland

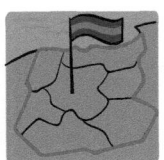

nacija

de Natschoon

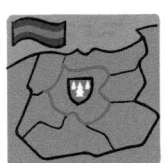

država

de Staat

brojčanik sata

dat Tallenblatt

kazaljka sata

de Stunnenwieser

kazaljka minute

de Minutenwieser

kazaljka sekunde

de Sekunnenwieser

Koliko je sati?

Wo laat is dat?

dan

de Dag

vrijeme

de Tiet

sada

nu

digitalni sat

de digetaalsch Klock

minuta

de Minuut

sat

de Stunn

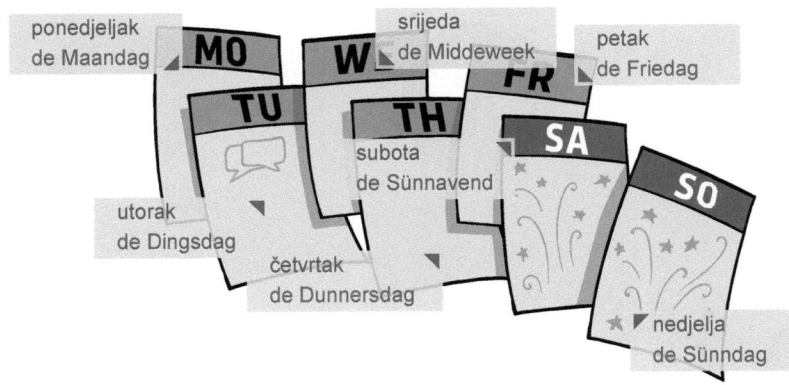

ponedjeljak
de Maandag

srijeda
de Middeweek

petak
de Friedag

subota
de Sünnavend

utorak
de Dingsdag

četvrtak
de Dunnersdag

nedjelja
de Sünndag

juče

güstern

danas

hüüt

sutra

morgen

jutro

de Morgen

podne

de Meddag

veče

de Avend

radni dani

de Arbeitsdaag

vikend

dat Wekenenn

godina
dat Johr

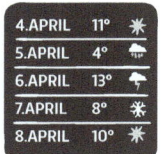

kiša
de Regen
duga
de Regenbagen
snijeg
de Snee
vjetar
de Wind
proljeće
dat Fröhjohr
jesen
de Harvst
ljeto
de Sommer
zima
de Winter

4.APRIL 11°
5.APRIL 4°
6.APRIL 13°
7.APRIL 8°
8.APRIL 10°

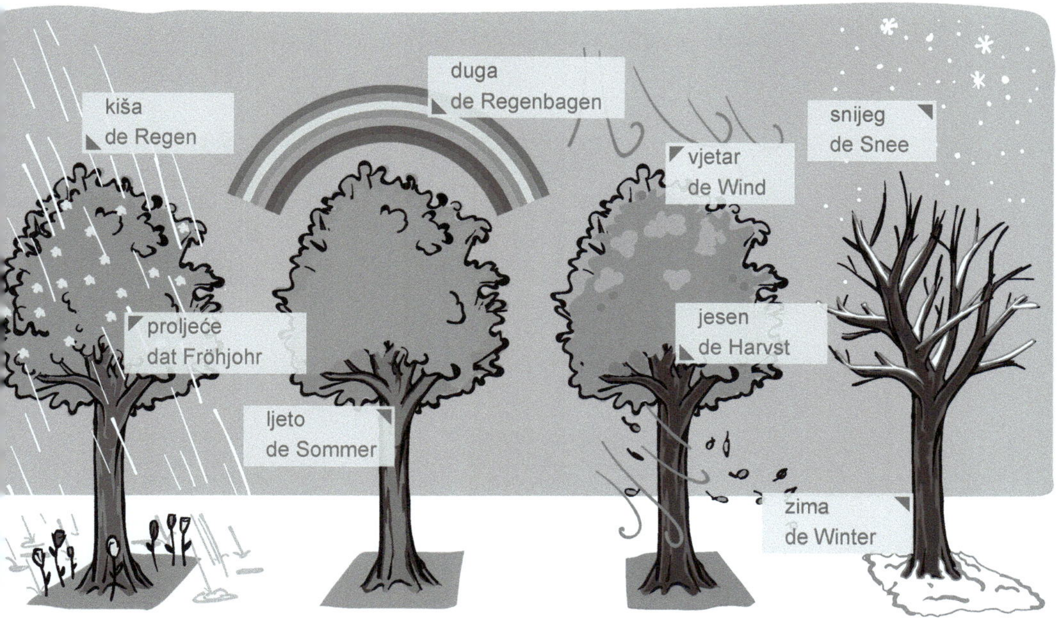

prognoza vremena

de Wedervörhersaag

F
120
90
60
30
0
-30
C
40
30
20
10
0
-10
-20

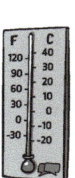

termometar

dat Thermometer

sunčev sjaj

de Sünnenschien

oblak

de Wulk

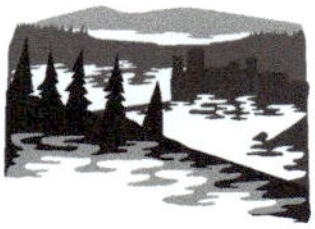

magla

de Nevel

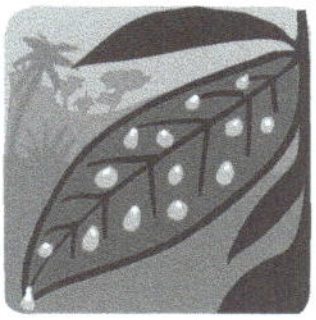

vlažnost vazduha

de Luftfuchtigkeit

munja

de Blitz

grom

de Dunner

oluja

de Storm

tuča, led

de Hagel

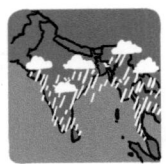

monsun

de Monsun

poplava

de Floot

led

dat Ies

januar

de Januormaand

februar

de Februormaand

mart

de Martmaand

april

de Aprilmaand

maj

de Maimaand

juni

de Junimaand

juli

de Julimaand

avgust

de Augustmaand

septembar
de Septembermaand

oktobar
de Oktobermaand

novembar
de Novembermaand

decembar
de Dezembermaand

oblici
de Formen

krug
de Krink

kvadrat
dat Quadrat

pravougao
dat Rechteck

trougao
dat Dreeeck

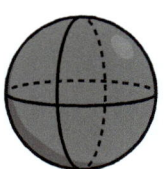

kugla
de Kugel

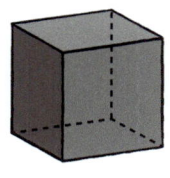

kocka
de Wörpel

bjel

witt

žut

geel

narandžast

orangsch

pink

pink

crven

root

ljubičast

lila

plav

blau

zelen

gröön

smeđ

bruun

siv

gries

crn

swart

malo / mnogo

veel / wenig

ljutit / miran

böös / verdreeglich

lijep / ružan

smuck / mies

početak / kraj

de Begünn / dat Enn

veliki / mali

groot / lütt

svijetlo / tamno

hell / düüster

brat / sestra

de Broder / de Süster

čist / prljav

schier / schietig

potpun / nepotpun

kumpleet / nich kumpleet

dan / noć

de Dag / de Nacht

mrtav / živ

doot / lebennig

široko / usko

breet / small

ukusno / neukusno

geneetbor / nich geneetbor

zao / prijatan

böös / fründlich

uzbuđen / dosadan

fickerig / langwielt

debeo / mršav

dick / dünn

najprije / najkasnije

toeerst / toletzt

prijatelj / neprijatelj

de Fründ / de Fiend

pun / prazan

vull / leddig

trvd / mekan

hart / week

težak / lagan

swoor / licht

glad / žeđ

de Smacht / de Döst

bolestan / zdrav

krank / gesund

ilegalan / legalan

nich na't Recht / na't Recht

inteligentan / glup

klook / dummerhaftig

lijevo / desno

linkerhand / rechterhand

blizu / daleko

neeg / feern

nov / polovan

nieg / bruukt

ništa / nešto

nix / wat

star / mlad

oolt / jung

uključeno / isključeno

an / ut

otvoreno / zatvoreno

apen / slaten

tiho / glasno

lies / luut

bogat / siromašan

riek / arm

tačno / pogrešno

richtig / verkehrt

hrapav / glatak

ruug / glatt

tužan / srećan

trurig / glücklich

kratak / dug

kort / lang

spor / brz

suutje / flink

mokro / suho

natt / dröög

toplo / hladno

warm / köhl

rat / mir

de Krieg / de Freden

brojevi
de Tallen

0

nula

null

1

jedan

een

2

dva

twee

3

tri

dree

4

četiri

veer

5

pet

fief

6

šest

söss

7

sedam

söven

8

osam

acht

9

devet

negen

10

deset

teihn

11

jedanaest

ölven

12

dvanaest

twölf

13

trinaest

dörteihn

14

četrnaest

veerteihn

15

petnaest

föffteihn

16

šesnaest

sössteihn

17

sedamnaest

söventeihn

18

osamnaest

achtteihn

19

devetnaest

negenteihn

20

dvadeset

twintig

100

sto

hunnert

1.000

hiljada

dusend

1.000.000

milion

million

engleski	američki engleski	kinesko mandarinski
dat Engelsch	dat Amerikaansch Engelsch	dat Chineesch Mandarin

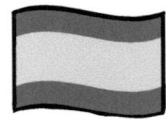

hindi	španski	francuski
dat Hindi	dat Spaansch	dat Franzöösch

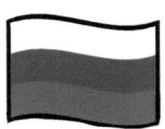

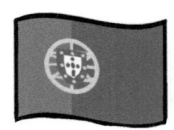

arapski	ruski	portugalski
dat Araabsch	dat Rusch	dat Portugiesch

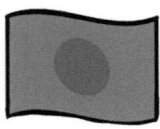

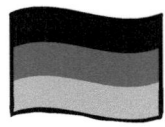

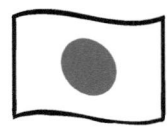

bengalski	njemački	japanski
dat Bengaalsch	dat Düütsch	dat Japaansch

ja

ik

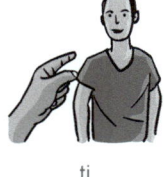

ti

du

on / ona / ono

he / se / dat

mi

wi

vi

ji

oni

se

ko?

keen?

šta?

wat?

kako?

woans?

gdje?

woneem?

kada?

wannehr?

ime

de Naam

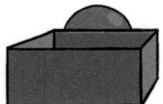

iza

achter

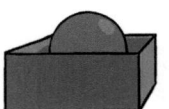

u

in

pred

vör

iznad

över

na

op

ispod

ünner

pored

blangen

između

twüschen

mjesto

de Oort